사라 스트리츠베리 스웨덴의 소설가, 극작가. 소설 『꿈의 능력』으로 맨부커상 후보에 오르고 북유럽 이사회 문학상을 받았으며, 사라 룬드베리와 함께 작업한 그림책 『여름의 잠수』로 스웨덴의 대표적 문학상인 아우구스트상 최종심에 올랐다. 이야기에 깊이와 철학을 담아내는 스트리츠베리는 『저녁이면 눈 냄새가 난다』에서 세상을 반짝이게 했던 존재에 대한 그리움과 상실, 그리고 슬픔 속에서만 보이는 삶의 숨겨진 의미들을 시적인 문장으로 그려냈다.

사라 룬드베리 스웨덴의 그림책 작가. 스웨덴 도서관협회가 해마다 최고의 그림책 작가에게 수여하는 엘사 베스코브상과 아우구스트상을 수상했으며 아스트리드 린드그렌상(ALMA)에 노미네이트되었다. 룬드베리는 다양한 채도의 수채화로 자신만의 그림 세계를 펼쳐냈으며, 이 작품에서는 자신만의 감성적인 크레용 일러스트레이션으로 이야기를 풍요롭게 완성했다.

안미란 한국에서 국어교육을 전공했고 이후 독일에서 언어학을 전공하면서 스칸디나비아어 문학과 네덜란드어 문학을 부전공했다. 주한독일문화원에서 일하고 있으며 토베 얀손의 『여름의 책』, 외스트뷔 자매의 『해마를 찾아서』, 사라 스트리츠베리와 베아트리체 알레마냐의 『우리는 공원에 간다』를 우리말로 옮겼다.

저녁이면 눈 냄새가 난다

초판 1쇄 2025년 3월 1일
글 사라 스트리츠베리
그림 사라 룬드베리
옮김 안미란
편집 곽성하, 김아영 | **디자인** 피터 | **제작** 세걸음
펴낸곳 위고 | **펴낸이** 조소정, 이재현 | **등록** 제2012-000115호
주소 경기도 파주시 돌곶이길 180-38 1층
전화 031-946-9276 | **팩스** 031-946-9277
hugo@hugobooks.co.kr
ISBN 979-11-93044-26-1 77850

Lilla Varg
Text copyright © Sara Stridsberg, 2024
Illustration copyright © Sara Lundberg, 2024
Originally published in Swedish by Natur & Kultur, Stockholm 2024
Korean translation copyright © Hugo, 2025
All rights reserved.
This Korean edition is published by arrangement with Koja Agency
through MOMO Agency, Seoul.

저녁이면
눈 냄새가
난다

사라 스트리츠베리 글
사라 룬드베리 그림
안미란 옮김

위고

저녁이 되면 눈 냄새가 나.
곧 겨울이 다시 오겠지.
나는 계속 밖에 있을 거야.
누군가 나를 부를 때까지.

지난겨울은 즐거웠어.
모두가 우리를 불렀어.
너는 내 옆을 걸으면서 눈에 대해 이야기했고.

지금은 아무 일도 일어나지 않아.
나무 위 까마귀들은 화가 난 듯 보이고
쓰레기통에 사는 쥐들마저 사라졌어.

우리 둘 중에서, 재미있는 쪽은 늘 너였지.
다들 그렇게 생각했어.
나도 그랬고.

네가 곁에 있으면 무슨 일이든 다 일어날 수 있었어.
너는 어디에서든 반짝이는 것들을 발견했어.
배수로에서 가만히 우리를 기다리던 반짝이는 동전들을
너는 아무렇지 않게 찾아내곤 했어.
오직 너만이 동전이 거기 있는 걸 알았어.
어떻게 그럴 수 있었어?

가끔 너의 웃음소리가 들려서
얼른 몸을 돌려 보면
너는 어디에도 없어.

그럼 나는 생각해.
네가 잠깐 숨은 거라고.
달라진 건 하나도 없다고.
우리가 저녁 내내 밖에서 놀고
나무 뒤에 번갈아 몸을 숨기던 그때 그대로라고.

어느 겨울날이었어.
공기에 얼음 결정이 가득하고
나무 타는 냄새가 났어.
우리는 겨울 들어 처음으로
크고 폭신한 누비옷을 꺼내 입었지.

너와 친구들이 나무 기둥 뒤에
몸을 숨기는 것이 보였어.
나는 있는 힘껏 빠르게 수를 세었어.
"하나, 여덟, 스물둘, 스물아홉,
마흔하나, 서른다섯, 쉰여섯,
아흔여덟, 천!
이제 찾는다!"

너는 아무 데도 없었어.
아무도 보이지 않았지.
세상은 텅 비고
오직 나만 남아 있었어.
돌아보니 불 꺼진 집들이
나를 둘러싸고 있었어.

"거기 누구 있어?"
아무도 대답하지 않았어.
나무 기둥 뒤에서
여우가 이쪽을 보고 있었지.
호숫가에는 무스가 엎드려
물을 마시고 있었고.

트롤들은 스포츠카에서
담배를 피우고 있었어.

"다 가 버린 건 아니지?"
내가 외쳤어.

이번에도 아무 대답이 없었지만
나는 널 찾아내리라는 걸 알았어.
언제나 그랬으니까.
어느 순간 빨간 모자를 쓴 네가
휙 스쳐 지나갈 것을 알고 있었어.

너를 찾다가 연못을 들여다보았어.
연못 속의 장어가 마치 까마득히 먼 곳에서
나를 바라보는 것 같았지.

커다란 돌을 들어 올려 보기도 했어.
개미들이 부지런히 움직이며 일하고 있었어.
개미들은 너무 작아서
우리가 있다는 것조차 모르는 것 같았어.

쓰레기통도 슬쩍 엿보았어.
쥐들이 나를 보더니 고함을 지르면서 욕을 했어.
쥐들은 한창 파티를 즐기는 중이었거든.

우리 친구 고양이에게 물어보려고 했는데
고양이는 그냥 가 버렸어.

나는 호수에 서서 외쳐 보았어.
어디에나 얼음이 얇게 깔려 있었지.
점점 어두워지는데
별들은 빛나지 않았어.

갑자기 너의 목소리가 들렸어.
네 웃음소리가 들리더니
축축한 벙어리장갑이 눈을 가렸어.

나는 몸을 돌렸어.
내 앞에 네가 있었지.

"이제 집에 가자."
네가 말했어.
"넌 없어진 것을 찾는 데 영 소질이 없구나."

우리는 함께 걷기 시작했어.

호수를 떠나 위로 올라갔어.
막 내린 눈에 우리의 발자국이 처음으로 찍혔지.
커다란 내 발자국, 조그만 네 발자국.
내가 조금 앞서서 갔지만
네가 따라오고 있다는 걸 알고 있었어.
이제 집집마다 유리창이 환하게 빛나고 있어.
나는 뒤를 돌아보지 않았지만
네가 계속 내 뒤에 있을 걸 알았어.
숨이 닿을 만큼 가까운 곳에.

어느 날 네가 돌아오겠지.
나는 쥐들이 살던 쓰레기통 옆에서 기다리고 있어.

눈을 감고 천까지 수를 셀 거야.
그리고 몸을 돌리면,
다시 네가 있을 거야.

"이제 센다. 하나….."